Beate Döring
Ursula Lassert
Hannelore Maier
Ingrid Steber

100 Diktate und Übungen

2. Schuljahr

Klett Lernen und Wissen

Diktate	Lerninhalte	

Liebe Eltern,

diese Auswahl an kurzen, spannenden Diktaten und kleinen Rechtschreibübungen orientiert sich an den schulischen Anforderungen, denen Ihr Kind im zweiten Schuljahr begegnet. Schülerinnen und Schüler können hier gezielt ihre Rechtschreibfertigkeiten trainieren. Sie lernen außerdem rechtzeitig, typische Fehler zu vermeiden. So wird die Rechtschreibsicherheit Ihres Kindes gestärkt. Unsere kleinen Lerndrachen sorgen dafür, dass dies mit viel Spaß und guter Laune geschieht!

So finden Sie, was Sie suchen

Jedes Diktat übt eine spezielle Rechtschreibschwierigkeit. Das Inhaltsverzeichnis zeigt Ihnen, welche Wörter in den einzelnen Texten „versteckt" sind. Diese Lernwörter sind immer farbig markiert. So können Sie mit Ihrem Kind ganz gezielt üben.

- Wörter mit Sternchen* bedeuten: Diese Wörter dürfen beim Diktieren buchstabiert werden.
- Ein Laufdiktat geht so: Der Diktattext liegt auf der Fensterbank. Ihr Kind liest dort immer nur einen Satz. Dann läuft es zu seinem Heft, das auf dem Tisch liegt und schreibt diesen Satz auswendig auf.
- Für gute Schüler gibt es gesonderte Aufgaben. Egal welcher Leistungsstand vorliegt – alle Schüler werden mit diesem Band gefördert.
- Ähnliches nicht sofort hintereinander üben: Achten Sie beim Üben darauf, dass ähnliche Dinge, also z.B. Wörter mit *b* und Wörter mit *p*, oder Wörter mit *m* und Wörter mit *mm*, nicht sofort hintereinander geübt werden. Lassen Sie dazwischen ein bis zwei Tage vergehen. Auf diese Weise wird Ihr Kind das Gelernte nicht verwechseln.

Es muss nicht immer nur Diktieren sein …

In den Übungen finden Sie viele unterschiedliche Vorschläge, wie Sie bzw. Ihr Kind mit den Diktaten umgehen kann. Die Texte müssen keineswegs immer nur diktiert werden … Wenn Sie aber diktieren wollen, gehen Sie am besten so vor: Lesen Sie den ganzen Text zunächst langsam vor. Danach diktieren Sie jeweils einen ganzen Satz, der dann nochmals abschnittsweise wiederholt wird. Lassen Sie die Zeichen für die wörtliche Rede beim Diktieren weg. Lesen Sie zum Schluss noch einmal den ganzen Text vor, damit Ihr Kind die Möglichkeit einer abschließenden Kontrolle hat.

So fördern Sie Ihr Kind am besten

1. Die Regel für sinnvolles, effektives Üben lautet: Lieber kürzer, aber öfter. 10 bis 15 Minuten pro Tag sind völlig ausreichend.
2. Loben Sie Ihr Kind! Geben Sie Fehlern nicht allzu große Beachtung und lassen Sie zuerst Ihr Kind nach der richtigen Korrektur suchen. Wenn Anerkennung und Erfolgserlebnisse in den Vordergrund gestellt werden, beeinflusst das das Lernen positiv.
3. Achten Sie darauf, dass während des Lernens und Übens immer wieder kurze Pausen einlegt werden. Pausen schützen vor Ermüdung und gliedern das Arbeiten in kurze Abschnitte. Dann tun Bewegung, Trinken und frische Luft besonders gut.

1 Unsere Familie

Ich habe zwei Brüder, Leo und Simon. Unsere Eltern heißen Karin und Peter. Die Schwester meiner Mutter ist Tante Alina. Sie hat keine Kinder. Aber Onkel Martin und seine Frau Heidi haben eine kleine Tochter, Mia.

Meine Oma lebt auch noch. Sie ist 75 Jahre alt.

Weißt du, wie groß unsere Familie ist?

(Wörteranzahl: 53)

▶ Schreibe alle Personen in dein Heft. Wie viele Mitglieder hat diese Familie?

Die Namen für Menschen werden großgeschrieben: **Tante**, **Oma**, **Marie**, **Frau Himmel**, **Herr Sommer**.

2 Ein toller Donnerstag

Der Donnerstag war für Julia ein toller Tag.

In der Schule gab ihr Marie einen kleinen Ring. Die alte Frau Himmel von nebenan kaufte ihr ein Eis. Bei Herrn Sommer kaufte sie ein Schreibheft. Von ihm bekam sie auch noch einen bunten Stift geschenkt. Und Mutter ließ sie mit Niklas ins Kino gehen.

Julia freute sich sehr.

(Wörteranzahl: 57)

▶ Kennst du Vornamen von Kindern, die aus anderen Ländern kommen? Schreibe drei Namen in dein Heft.

3 Das neue Tierbuch

Sebastian liest ein neues Tierbuch. Er schaut sich zuerst die Themen* an:

Warum fangen Katzen so gern Mäuse?
Wie alt wird ein Hase?
Wann schläft die Eule?
Warum rollen sich Igel zusammen?
Wie bewegt sich eine Raupe?

(Wörteranzahl: 37)

▶ Welche Tiere kommen in Sebastians Buch vor? Schreibe sie in dein Heft.

Tiere, Pflanzen und Dinge haben Namen.
Namenwörter schreibst du immer groß:
Katzen, **Hase**, **Gras**, **Blätter**, **Sonne**, **Teller**.

4 Ein schöner Tag!

Heute scheint die Sonne! Die kleine Anna will ihren Puppenkindern eine Freude machen. Sie nimmt eine Decke und legt sie auf die Wiese.

Jede Puppe bekommt einen Teller. Es gibt gelbe Äpfel mit grünem Gras. Auch Blätter legt Anna dazu.

Nur Susi ist heute böse gewesen. Auf ihren Teller legt Anna zur Strafe eine Zwiebel. Fertig!

(Wörteranzahl: 56)

▶ Schreibe alle grünen Wörter in Schönschrift in dein Heft.

5 Gut gemacht!

Pauls bester Freund ist sein Hund Hero. Er ist noch ganz jung. Jeden Tag üben sie zusammen im Garten.

Paul nimmt einen Ball in die Hand. Hero sitzt und wartet, bis Paul zählt. Eins, zwei, drei! Der Ball fliegt in die Luft. Schnell bewegt sich der Hund. Er fängt den Ball mit seinem Maul.

Das hast du gut gemacht, Hero!

(Wörteranzahl: 60)

▶ Schreibe nur den zweiten Abschnitt in Schönschrift ab.

> Zu Beginn eines neuen Satzes schreibst du den Anfangsbuchstaben immer groß: **Schnell** bewegt sich der Hund ... **Das** hast du gut gemacht ...

6 Da lachen ja die Hühner!

Oma besucht den kleinen Hanno. Am Abend gähnt Hanno laut mit offenem Mund. Oma zeigt ihm, wie man das richtig macht:

„Hanno, wenn ich gähne, dann halte ich mir die Hand vor den Mund."

„Aber das muss ich doch nicht machen! Mir fallen ja die Zähne nicht heraus", antwortet der kleine Hanno.

(Wörteranzahl: 52)

> Tunwörter schreibst du klein: **besucht**, **zeigen**, **machen**.

▶ Schreibe die folgenden Wörter so in dein Heft: besucht – besuchen.

besucht   gähnt   versucht   zeigt   macht   halte

▶ Erzähle den Witz deinem Freund oder deiner Freundin.

Wiewörter schreibst du klein: **kurz**, **bunt**, **eng**, **hell**.

7 Ein schwieriger Einkauf

Mutter stöhnt leise. Lisa braucht neue Kleider. Nichts gefällt ihr.

„Diese Hose ist viel zu kurz. Und die andere ist mir zu weit. Ich mag bunte Blusen nicht! Die passen nicht zu meinen roten Haaren. Der Pulli ist am Hals zu eng ... und der andere ist so komisch hell. Darf ich mir blaue Schuhe kaufen?“

Mutter macht ein langes Gesicht.

(Wörteranzahl: 60)

- ▶ Schreibe die grünen Wiewörter aus dem Text ab.
- ▶ Für gute Schüler: Gib den Text in deinen Computer ein. Markiere dann alle Wiewörter auswendig in grüner Farbe. Vergleiche, ob du alles richtig gemacht hast.

1 Paula und die Bienen

Paula war wie immer viel zu neugierig. Sie hatte auf einer Wiese einen Bienenstock gesehen. Begeistert schrie sie auf:
„Wenn man nah genug herangeht, sieht man die Bienen fliegen!“
„Und Paula wegrennen“, meinte Papa.

Und so war es auch. Die Bienen fühlten sich gestört und flogen auf Paula zu.

Sie hätte die Tiere in Ruhe lassen sollen.

(Wörteranzahl: 57)

Das lang gesprochene *i* wird oft als *ie* geschrieben: **Wiese**, **fliegen**, **viel**.

2 Keine Lust

Mein bester Freund Tom wollte mit mir ins Kino gehen. „Es läuft ein toller Film über Igel und Biber“, sagte er.

Das muss ein langweiliger Film sein, dachte ich. Tiger oder Löwen, das hätte ich mir angeschaut.

Außerdem hatten wir einen heißen Tag. Da wollte ich nicht ins Kino gehen.

(Wörteranzahl: 50)

Bei einigen Wörtern wird das lang gesprochene *i* nur mit *i* geschrieben: **mir**, **Tiger**, **Kino**.

▶ Schreibe die Wörter der Wörterschlange getrennt auf.

IgelKinowirTigerdirBiberBenzinLiterMaschine

3 Oma schimpft

Ganz wenige Wörter werden mit *ih* geschrieben. Du lernst sie am besten auswendig: **ihm**, **ihn**, **ihnen**, **ihr**, **ihre**, **ihren**, **ihrem**, **ihrer**.

Meine Oma schimpft:

„Gib deinem Bruder die Bauklötze zurück! Sie gehören ihm. Und gib deiner kleinen Schwester die Puppe zurück. Sie weint, wenn sie ihre Puppe nicht hat. Die Mama braucht deine Hilfe. Geh und hilf ihr!“

Hat Oma heute ihren schlechten Tag?

(Wörteranzahl: 43)

▶ Schreibe die Wörter mit *ih* in dein Heft.

4 Die Bahnfahrt

Familie Reuter will in die Ferien fahren. Anna freut sich auf die Bahnfahrt. Wie immer packen sie zu spät ihre Koffer. Jetzt müssen sie schnell zum Bahnhof rennen. Der Zug kommt, und sie springen hinein.

„Das war knapp", sagt Anna.

Aber Papa schaut ganz komisch und sagt: „Ich habe die Fahrkarte vergessen! Jetzt müssen wir bestimmt eine Strafe zahlen."

(Wörteranzahl: 59)

▶ Setze die Wörter der Schlange richtig ein:

ZahnKahnHahnwahr

a) kleines Boot: ______________

b) männliches Huhn: ______________

c) nicht gelogen: ______________

d) hat man im Mund: ______________

Das Dehnungs-*h* steht oft vor den Mitlauten *l*, *m*, *n* oder *r*: **zahlen**, **zahm**, **Bahnhof**, **Lehrer**, **mehr**.

5 Ein sehr strenger Lehrer

Herr Müller ist ein sehr strenger Lehrer. Jeden Tag will er unsere Hausaufgaben anschauen. Er schreibt sich dann immer auf, wie viele Fehler wir gemacht haben.

Heute haben zehn Schüler aus unserer Klasse die Rechenaufgaben gar nicht dabei. Zur Strafe müssen sie bis morgen noch mehr Aufgaben rechnen!

(Wörteranzahl: 48)

▶ Bei den folgenden Sätzen sind die Wörter verdreht. Schreibe sie noch einmal richtig ab.

a) Der Lehrer hat die Hausaufgaben vergessen. Tom ist sehr streng.

b) Der Hausmeister macht zehn Fehler im Diktat. Paul kehrt den Schulhof nach der Pause.

6 Das Mittagessen

Auf dem Weg nach Hause schaue ich auf meine Uhr. Ich habe Hunger und will nicht zu spät zum Mittagessen kommen.

Hoffentlich gibt es nicht wieder Huhn. Das mag ich überhaupt nicht. Aber Mama ist streng. Was auf den Tisch kommt, müssen Sohn, Tochter und Vater essen. Sonst müssen wir ohne Mittagessen auskommen.

(Wörteranzahl: 53)

Das Dehnungs-*h* steht oft vor den Mitlauten *l*, *m*, *n* oder *r*: **hohl**, **zahm**, **ohne**, **Uhr**.

7 Der Schulausflug

Auf unserem Schulausflug fuhren wir mit einer Fähre über einen Fluss. Danach wanderten wir zu einer Höhle. Alle stöhnten, weil es so heiß war. In der Höhle war es angenehm kühl, aber auch nass und gefährlich rutschig.

Wir freuten uns auf die Führung. Aber der Führer sprach viel zu lange. Das war dann gähnend langweilig.

(Wörteranzahl: 55)

Nach den lang gesprochenen Umlauten *ä*, *ö* und *ü* steht oft ein Dehnungs-*h*: **gähnend**, **Höhle**, **Führung**.

▶ Setze die Wörter richtig in den Lückentext ein.

stöhnten fährt Frühling Stühle gähnen gefährlich

Blumen blühen im ________________.

Um unseren Tisch stehen sechs ____________.

Alle ________________, weil es so heiß war.

Meine große Schwester ____________ Motorrad.

Ich war so müde, dass ich dauernd ________________ musste.

Es ist __________________, wenn man zu schnell fährt.

Bei manchen Wörtern werden die lang gesprochenen Selbstlaute verdoppelt: **Tee**, **Saal**, **Haar**.

8 Ein langweiliger Tag

Tante Klara hatte uns zum Tee eingeladen. Wir saßen in einem großen Saal. Alles war sehr vornehm. Ich hatte mir extra die Haare föhnen müssen. Was für ein langweiliger Tag!

Da half nur noch eins. Ich schloss die Augen und träumte. Jetzt mit einem Boot auf einem See fahren oder im Meer schwimmen!

(Wörteranzahl: 53)

▶ Findest du alle Wörter in der Wörterschlange? Trage sie richtig in die Tabelle ein.

HaarMoorSchneeMoosPaarSaalFeeBeetWaageleerBoot

aa	ee	oo

9 Zu viele Fragen

Die ganze Familie sitzt vor dem Fernseher und will den Film über den Bauernhof sehen. Meine Schwester Lisa ist noch sehr klein und versteht nicht alles. Aber immer will sie dabei sein. Ständig muss sie sich umdrehen und Fragen stellen.

„Warum haben Kühe keine Zehen? Warum ist die Milch weiß?“

Das ist anstrengend*. Ich möchte gerne ohne sie fernsehen.

(Wörteranzahl: 59)

▶ Für gute Schüler: Nimm das Diktat auf einen Rekorder auf. Sprich bei den grünen Wörtern das *h* zwischen den Selbstlauten deutlich aus. Diktiere dir dann selbst das Diktat!

Das gesprochene *h* zwischen zwei Selbstlauten hörst du deutlich: **Fernseher**, **sehen**, **verstehen**.

1 Am Strand

Ich stand am Strand und schaute den Schiffen zu. Weit draußen auf dem offenen Meer zogen sie ihre Bahnen.

Neben mir pfiff ein Mann seinem Hund. Er nahm ein Holzstück und warf es weit ins Meer hinein. Der Hund schwamm hinaus.

Hoffentlich schafft er es, den Stock zu holen!

(Wörteranzahl: 49)

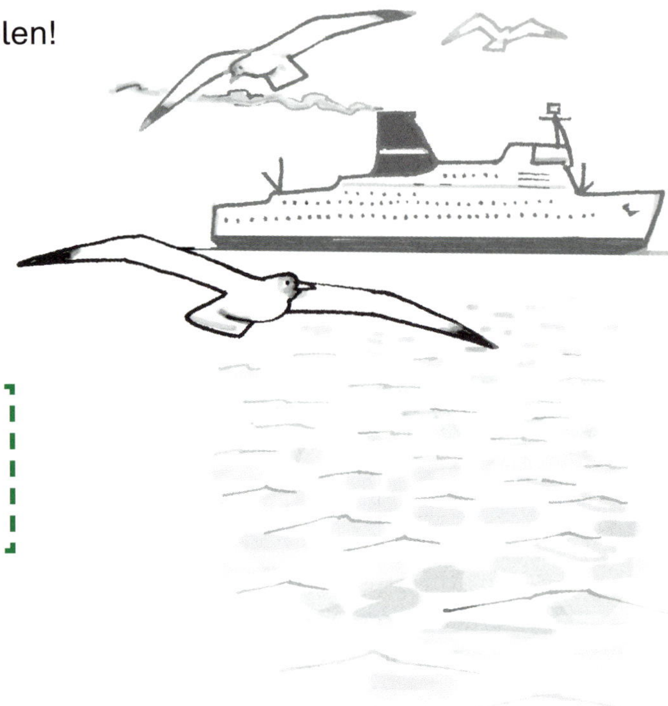

▶ Schreibe den Text in Schönschrift ab.

Die doppelten Mitlaute *ff* und *mm* stehen nur nach kurzen Selbstlauten: **Schiff**, **offen**, **Himmel**, **zusammen**.

2 Ein toller Sommertag

Heute war ein toller Sommertag mit einem ganz blauen Himmel. Ich ging zusammen mit meinen Freunden ins Schwimmbad. Wir schwammen viel und tobten herum.

Da bekommt man Hunger. Aber zu dumm, wir hatten nicht genug Geld mitgenommen. Das reichte nicht einmal für eine Portion* Pommes.

(Wörteranzahl: 45)

▶ Mit *mm* gibt es viele Wörter. Suche drei weitere, und schreibe sie in dein Heft.

3 Allein vor dem Tor

Ich war allein vor dem Tor und stürmte auf den Torwart* zu. Den Ball legte ich mir auf den linken Fuß, täuschte rechts und – nichts.

Der Torwart hatte mir den Ball vom Fuß geschnappt.

Beim nächsten Mal sollte ich wohl früher schießen und auf tolle Kunststücke verzichten.

(Wörteranzahl: 47)

▶ Sortiere diese *ll*-Wörter richtig ein.

alle Ball toll hell Brille schnell
fallen Teller still wollen rollen voll

ll in der Wortmitte	ll am Wortende

Die doppelten Mitlaute *ll* und *nn* stehen nur nach kurzen Selbstlauten: **Ball**, **sollen**, **Sonne**, **brennt**.

4 Die Sonne brennt

Mit meiner Schwester Anna spiele ich im Garten Wettrennen. Wir rennen zu den Tannen und dann wieder zurück. Heute will ich gewinnen. Wir schwitzen, denn die Sonne brennt.

Mutter ermahnt uns: „Ihr müsst euch eincremen*. Sonst bekommt ihr einen Sonnenbrand."

Vater hat eine andere Idee. Er nimmt die Gießkanne und spritzt uns nass.

(Wörteranzahl: 53)

▶ Diese Wörter kommen sehr häufig vor. Schreibe sie in dein Heft.

dann denn wenn wann

5 Der Unfall

Tim holt sich in der Küche einen Teller Suppe. Schnell will er damit in sein Zimmer. Er rennt die Treppe hoch. Seine Kappe rutscht ihm ins Gesicht.

Tim stolpert und fällt. Die Suppe läuft die Treppe hinunter. Er hat die Puppe seiner Schwester übersehen. Warum muss sie ihre Spielsachen auch immer auf dem Boden liegen lassen?

(Wörteranzahl: 56)

▶ Ergänze die Wörter mit *pp*.

Ka___e Tre___e Su___e Pa___e kla___en

Die doppelten Mitlaute *pp* und *rr* stehen nur nach kurzen Selbstlauten: **Suppe**, **Treppe**, **Geschirr**, **sperren**.

6 Der vornehme Herr Maier

Herr Maier war sehr vornehm. Beim Essen durfte kein Geschirr klirren. Langsam führte er seine Gabel zum Mund und sperrte ihn nur ein klein wenig auf.

Aber was passiert jetzt? Er verschluckt sich und hustet. Hastig sucht er sein Taschentuch. Dabei zerrt er an der Tischdecke. Jetzt liegt alles auf dem Boden. Und das schöne Geschirr ist zerbrochen.

(Wörteranzahl: 58)

▶ Schreibe die grünen Wörter mit *rr* in dein Heft.

7 Schau, ein Schmetterling!

▶ Setze die passenden Wörter in den Lückentext ein.

Schmetterling   Bett   klettern   bitten   Mittwoch   Schlitten

Mein __________ ist schön warm.

Auf diesen Berg würde ich gerne ____________.

Der Tag zwischen Dienstag und Donnerstag heißt ________________.

Im Winter kann man ________________ fahren.

Schau, da vorne fliegt ein ______________________.

Ich werde meinen Vater ____________, mir bei den Hausaufgaben zu helfen.

(Wörteranzahl: 43)

> Der doppelte Mitlaut steht nach kurzen Selbstlauten: **Mutter**, **hatte**, **kaputt**.

8 Warum krähen Hähne?

Auf Davids Bauernhof lebt ein Hahn. Kaum ist die Nacht vorbei, kräht er laut. Dann krähen auch bald die anderen Hähne im Dorf. Warum?

Ein Hahn verteidigt sein Revier* durch Krähen. Er sagt den anderen Hähnen: Hier habe nur ich das Recht zu leben. Ihr dürft hier nicht sein, hier werdet ihr von mir verscheucht.

(Wörteranzahl: 55)

> Bei Wörtern mit *cht* hilft am besten deutliches Sprechen: **nicht**, **Recht**.

▶ Lies den Text. Dann schreibe die grünen Wörter ab.

▶ Bilde mündlich Wörter mit *cht*:

lei____, Li____, ri____ig, schle____, e____, a____,

leu____en, Bu____.

9 Auf dem Markt

Paula geht auf dem Markt einkaufen. Sie kauft ein Pfund Pflaumen und drei dicke Pfirsiche. Zum Schluss geht sie zum Kartoffelstand.

„Bitte fünf Pfund Kartoffeln, aber nicht so große. Ich darf nicht so schwer tragen."

„Willst du mich auf den Arm nehmen?", schimpft der Verkäufer. Paula lacht und geht pfeifend nach Hause.

(Wörteranzahl: 52)

▶ Schreibe das längste der grünen Wörter in deine Hand. Kannst du es auch in die andere Hand schreiben?

Bei Wörtern mit *pf* hilft am besten deutliches Sprechen: **Pflaumen**, **pfeifend**.

10 Wo darf ich kratzen?

Wie der Blitz rennt Noras neue Katze Wölkchen aus dem Wohnzimmer. Nora hatte gerade mit ihr geschimpft.

Denn Wölkchen hatte wieder an der Tapete gekratzt. Warum gibt es hier aber auch keinen Kratzbaum?

Irgendwo muss ich doch meine Krallen wetzen, denkt Wölkchen traurig. Dann setzt sie sich auf ihren Lieblingsplatz, auf die Mütze von Noras Bruder.

(Wörteranzahl: 56)

▶ Schreibe die grünen Wörter als Laufdiktat (siehe Vorwort).

Das *tz* steht nur nach kurzen Selbst- und Umlauten: **Katze**, **Mütze**.

11 Was ist denn hier los?

Entsetzt betrachtet die Mutter ihre Wohnung! Was ist denn das?

Der Wasserschlauch von der Spülmaschine ist geplatzt, und jetzt ist alles mit Wasser bespritzt. Die neue Hundedecke ist zerfetzt, und die frische Tapete auf der Wohnzimmerwand ist vollgekritzelt.

Blass vor Schreck setzt sich Mutter auf einen Stuhl.

(Wörteranzahl: 47)

Das *tzt* steht nur nach kurzen Selbstlauten: **jetzt**, **setzt**.

- ▶ Schreibe den mittleren Abschnitt ab.
- ▶ Für gute Schüler: Schreibe ihn als Laufdiktat (siehe Vorwort).
- ▶ Bilde die dritte Person Einzahl von *flitzen*, *kratzen*, *putzen*, *schwitzen*, *platzen*:

  Er flitzt. Sie ...

12 Ausflug einer Schnecke

Heute Nachmittag hat Maya einen Blumenstrauß gepflückt. Nun schmückt sie den Tisch in der Küche. Wie schön!

Später entdeckt ihr Bruder Jan eine kleine Schnecke auf dem Tisch. Vor Schreck hätte er sich beinahe verschluckt. Sie hatte wohl auf einem Tulpenblatt gesessen und nun einen kleinen Ausflug gemacht. Jan trägt sie vorsichtig in den Garten zurück.

(Wörteranzahl: 56)

ck steht nur nach kurzen Selbstlauten: **Schnecke**, **zurück**.

- ▶ Schreibe die grünen Wörter in Schönschrift ab.
- ▶ Suche aus der Wörterschlange die *ck*-Wörter heraus, und schreibe sie auf.

ZUCKERWILDHECKEZETTELHOCKERGUTBACKENARMSTOCKHOLZBÄCKER

13 Ganz schön schwierig!

Betttuchschwimmmeisterbrennnesselschifffahrtstalllaternestofffetzen

- Hier findest du sechs zusammengesetzte Namenwörter. Schreibe sie auf.
- Für gute Schüler: Schreibe die letzten drei getrennt auf (siehe Merksatz).

Bei zusammengesetzten Wörtern bleiben alle Mitlaute erhalten: **Bett + Tuch = Betttuch**.

1 Paul, der Superstar

Paul gibt laut damit an,
was er alles kann:

Er kann lesen, schreiben, malen,
kennt sich aus mit großen Zahlen.

Er kann schreiben, zeichnen, bauen
und im Garten Äpfel klauen.

Er kann über Steine springen
und heimlich freche Lieder singen.

Er kann laut die Meinung sagen
und sich dann wieder vertragen.

Er ist klug und weise.
Doch manchmal weint er leise.

(Wörteranzahl: 61)

au und *ei* sind Doppellaute. Sie bestehen aus zwei Selbstlauten. Deutliches Mitsprechen hilft dir beim Schreiben: **laut**, **leise**.

- Schreibe sechs Zeilen ab, die dir besonders gut gefallen.

2 Aus der Traum!

Nora liegt im Gras und träumt. Sie kann fliegen und die Welt von oben sehen. Häuser, Bäume, Sträucher, Zäune, Menschen und Tiere sind ganz klein.

Plötzlich – ein Geräusch! Nora wacht auf und ballt ihre Fäuste. Ein Räuber? Nein! Es ist ein Mäuschen. Es schaut Nora ängstlich an. Dann läuft es schnell weg. Sicher hat es Angst vor dem Käuzchen.

(Wörteranzahl: 59)

Wörter mit *äu* haben meistens verwandte Wörter mit *au*:
träumt – Traum, **Häuser – Haus**.

▶ Schreibe Wortpaare in dein Heft:
träumt – Traum

Maus
Faust
Haus
laufen
rauben
Baum
rauschen
Kauz
Strauch
Zaun

3 Verlaufen

Bei Wörtern mit *b* hilft dir oft deutliches Sprechen. Besonders hilft dir das leise Mitsprechen beim Schreiben: **bange**, **Baum**.

Das Bärenkind lief von Baum zu Baum. Wo war nur seine Mutter? Ihm wurde ganz bange. Warum war es aber auch von ihr weggegangen?

Da hörte es ganz in der Nähe seine Mutter brummen. Wie schön! Sie begrüßte ihr Kind mit freudigem Lecken*. Dann kuschelten sie sich eng aneinander und verbrachten die Nacht zusammen in ihrer Höhle.

(Wörteranzahl: 57)

▶ Wähle einen der beiden Abschnitte aus, und lass ihn dir diktieren.

Bei Wörtern mit *bl* hilft dir oft deutliches Sprechen. Besonders hilft dir das leise Mitsprechen beim Schreiben: **bleiben**, **blass**.

4 Vor der Schule

Ein wenig blass sitzt Linda am Küchentisch.

Sie blättert lustlos in einem Buch, blickt ihre Mutter an und fragt: „Darf ich heute zu Hause bleiben?“
„Aber warum denn?“
„Weil ich heute auf der Blockflöte vorspielen soll.“
„Dann schließ doch einfach die Augen, und stell dir vor, dass du mir etwas vorspielst.“
„Prima, das mache ich!“

Und schon war Linda weg.

(Wörteranzahl: 60)

- Schreibe die fünf grünen Wörter ab. Suche vier weitere *bl*-Wörter im Wörterbuch.
- Für gute Schüler: Lass dir den ganzen Text diktieren.

5 Grippe – ja oder nein?

Bei Wörtern mit *d* am Wortende hilft dir deutliches Sprechen und auch das Verlängern der Wörter: **Hund – Hunde**, **spannend – spannende**.

Herr Held steht mit seinem Kind und seinem Hund im Buchladen. Er sucht in den langen Regalen nach Büchern. Das da könnte spannend sein, denkt er und geht zur Kasse. Dort steht hustend und niesend ein junger Verkäufer.

„Haben Sie Grippe?“, fragt Herr Held freundlich.

„Bitte?“

„Ob Sie Grippe haben!“

„Von welchem Autor soll das denn sein?“

(Wörteranzahl: 57)

- Schreibe die grünen Wörter ab.
- Für gute Schüler: Lass dir den Text diktieren.

- Der *f*-Laut wird meistens als *f* geschrieben: **flog**, **fiel**.
- Aber es gibt auch Wörter mit *v*, die wie *f* gesprochen werden: **vor**, **vielleicht**.

6 Die alte Vase

Felix spielte gestern früh im Wohnzimmer seines Freundes Florian mit dem Ball. Der flog gegen eine schöne, große Vase. Die Vase fiel um und zerbrach in mehrere Stücke.

„O weh, die Vase war schon sehr alt!“, rief Florian.

Felix atmete auf und sagte: „Ach, wie gut! Ich dachte schon, sie sei ganz neu.“

(Wörteranzahl: 53)

▶ Lies den Text, und schreibe die grünen Wörter ab.

▶ Stelle eine Liste mit deinen liebsten *f*-Wörtern zusammen.

Wörter mit *eu* haben keine Verwandten mit *au*: **Scheune**, **Beute**.

7 Mahlzeit!

Die Sterne und der Mond leuchteten, als die Eule aus der Scheune flog. Sie kreiste über dem Heu. Dann flog sie am Steinkreuz vorbei in den Wald.

Es dauerte nicht lange, bis sie mit fetter Beute nach Hause zurückkam. Ihre Eulenkinder freuten sich sehr über die leckere Mahlzeit.

(Wörteranzahl: 48)

▶ Schreibe den Text ab.

▶ Für gute Schüler: Schreibe den Text als Laufdiktat (siehe Vorwort).

8 Hilfe, ein Gespenst!

Ute und Jutta zelteten auf der Weide neben ihrem Garten. Sie spielten unter der Tanne am Bach, bis es dunkel wurde. Als sie zu ihrem Zelt zurückkamen, schaute eine Kuh heraus.

Ute dachte, es sei ein Gespenst. Schreiend rannte sie zu ihrem Garten, kletterte über den Zaun und lief ins Haus hinein.

Sie hörte nicht mehr, wie Jutta laut lachte.

(Wörteranzahl: 60)

Bei Wörtern mit *t* hilft deutliches Sprechen und das leise Mitsprechen beim Schreiben: **lachte**, **Garten**.

▶ Schreibe zehn grüne Wörter aus dem Text mit dem Finger in die Luft.

Bei Wörtern, die mit *j* oder *J* beginnen, hilft deutliches Sprechen: **ja**, **Juli**.

9 Teekesselchen

Jedes Jahr im Juli feiert Jule ihren Geburtstag. Ihre Freunde fragen, was sie sich wünscht.

„Ich wünsche mir einen ________________!"

Alle Jungen lachen. Janina ruft: „Das ist ja ein Teekessel-Wort! Kommt wir spielen!"

Jungen: Unser ... kann schnell fahren.
Janina: Mein ... kann schnell jagen.
Jungen: Unser ... braucht Benzin.
Janina: Mein ... frisst Fleisch.
Jule: Mein ... ist ein Stofftier.

(Wörteranzahl: 59)

▶ Weißt du, was Jule sich wünscht? Setze das fehlende Wort ein, und schreibe den Text bis zu dieser Stelle ab.

▶ Schreibe noch mehr Teekessel-Wörter auf.

Wenn du deutlich sprichst, kannst du ein *k* gut hören. Um sicher zu sein, ob am Wortende ein *k* steht, verlängere es: **Schmutzfink – Schmutzfinken**, **denkt – denken**.

10 Niemand?

„Iiih! Da klebt ein Kaugummi unter meiner Tischkante!“ Katrin ist sauer.

Es ist verboten, in der Klasse Kaugummi zu kauen. Frau Klein hat Katrins Kreischen gehört. Sie legt die Kreide auf ihren Tisch und kommt zu Katrin. Wer das wohl getan hat? Kein Kind meldet sich.

Das war sicher der Schmutzfink mit dem Namen Niemand, denkt die Lehrerin.

(Wörteranzahl: 58)

▶ Wenn du schon recht sicher in der Rechtschreibung bist, dann schreibe den Text als Diktat. Wenn du denkst, dass er zu viele schwierige Wörter enthält, schreibe ihn ab, und zeichne unter alle Wörter Silbenbögen.

11 Aufregung im Schullandheim

Es ist Nacht. Zu dieser Zeit schlafen fast alle Kinder tief und fest. Plötzlich wacht Tim auf!

Er hat vor dem Fenster ein Licht gesehen. Ein Gespenst! Tim s c h r e i t laut. Jetzt kann fast niemand mehr schlafen. Aufgeregt laufen die Kinder zum Zimmer ihres Lehrers. Er öffnet gerade die Haustür und grinst. War er der Geist?

(Wörteranzahl: 55)

▶ Schreibe die Gespenstergeschichte ab. Zeichne ein Gespenst, und schreibe alle Wörter, die am Ende ein *t* haben, hinein.

Am Wortende klingen *t* und *d* sehr ähnlich. Verlängere die Wörter! Dann weißt du, ob du *t* oder *d* schreiben musst: **Nacht – Nächte**, **laut – lauter**.

12 Kennst du das Märchen?

In einem tiefen Brunnen lebte einmal ein _ _ _ _ _ _.

Er _ _ _ _ _ _ sich oft, ob er jemals eine _ _ _ _ finden würde, die ihn _ _ _ _ _ _ _. Wie _ _ _ _ war er, als er die Königstochter besuchen durfte!

Aber sie war _ _ _ _ _ und _ _ _ _ _ _ _ _ _ _ _ _.

Sie warf ihn an die Wand. Das war sein Glück! Von nun an war er wieder ein Prinz. Die _ _ _ _ _ _ war groß.

(Wörteranzahl: 59)

befreit fragte Frau frech Freude froh Frosch unfreundlich

▶ Setze die fehlenden Wörter oben in den Lückentext ein.

▶ Kennst du das Märchen?

Bei den Wörtern mit *fr* ist deutliches Sprechen wichtig: **froh**, **Frau**.

13 Englischunterricht

Deutliches Sprechen hilft dir auch bei den Wörtern mit *ch*: **sicher**, **nicht**.

„Im kommenden Schuljahr wirst du Englisch lernen, Jonas“, erklärt der Vater stolz. „Freust du dich darauf?“

„Ich weiß nicht. Das ist sicher nicht leicht. Ich spiele lieber“, antwortet Jonas.

„Aber Jonas, Englisch spricht doch die halbe Welt“, erklärt der Vater freundlich.

„Na eben“, meint Jonas, „reicht das denn nicht?“

(Wörteranzahl: 49)

▶ Schreibe den Text ab.

▶ Suche Reimwörter zu: nicht schleicht wach bleich mich suchen

14 Ohne mich!

Im Zirkus wollte Rudolfo einem kleinen Lerndrachen Kunststücke* beibringen. Er befahl ihm: „Dreh dich im Kreis! Zähle bis drei! Bleib draußen vor der Tür! Wackle mit dem Schwanz!“

Aber der kleine Lerndrache lachte nur, schlug dreimal mit seinen Flügeln und flog davon ins Drachenland.

(Wörteranzahl: 44)

- Schreibe alle grünen Wörter ab.
- Suche drei weitere Wörter mit *dr*, und schreibe sie mit dem Zeh auf den Boden.

Bei Wörtern mit *dr* ist deutliches Sprechen sehr wichtig, damit du das *r* nicht vergisst: **drei**, **Drachen**.

15 Wohnt hier etwa ein Zwerg?

Wenn du unsicher bist, ob du bei Wörtern mit *g* am Wortende *g* oder *k* schreiben sollst, dann verlängere. Das hilft dir: **Burg – Burgen**, **Berg – Berge**.

Am Sonntag ging Familie Pfennig wandern. Ein schmaler Weg führte sie hoch auf einen Berg. Dort standen die Reste einer alten Burg.

Der mächtige Zweig eines Baumes verdeckte eine Höhle. Aber der kleine Simon entdeckte sie doch. Ob hier vielleicht ein Zwerg wohnt?

(Wörteranzahl: 43)

- Schreibe die grünen Wörter ab, und verlängere sie.
- Verlängere auch:

Zug König Krug Schlag Steg

16 Die schöne Torte

Kurt hat Geburtstag. Im Garten steht der Kaffeetisch mit einer herrlichen Torte und wartet auf die Gäste.

Da es noch früh ist, spielt Kurt mit seinem Freund Bert Fußball. Kurt ist der Torwart. Leider kann er den besonders guten Schuss von Bert nicht auffangen.

Der Ball fällt mitten auf die Torte. O weh!

(Wörteranzahl: 53)

- Suche dir einen Abschnitt aus, und schreibe ihn in Schönschrift ab.
- Für gute Schüler: Schreibe den Text als Laufdiktat (siehe Vorwort).

Bei Wörtern mit *rt* hilft dir vor allem deutliches Sprechen. Leises Mitsprechen beim Schreiben ist gut: **Torte**, **sofort**.

17 Es ist Sommer!

Es ist wieder Sommer. Lena und ihre Freundinnen genießen das herrliche, warme Wetter. Sie wandern durch Wälder und Wiesen.

Unten am Teich schnattern die Enten. Vögel sitzen in den Zweigen und zwitschern. Die Pferde wiehern, und die Kühe kauen das saftige, grüne Gras. Was kann schöner sein?

(Wörteranzahl: 47)

- Schreibe die grünen Wörter ab.
- Für gute Schüler: Lass dir die grünen Wörter diktieren.

- Der *w*-Laut wird meistens auch *w* geschrieben: **Wiesen**, **wandern**.
- Manchmal aber wird er *v* geschrieben. Diese Wörter musst du dann besonders üben. Schau dir dazu Diktat 24 auf Seite 32 an.

18 Nicht ganz einfach

PUDELPARKENPUNKTPINSELPUTZENPALMEPLATZPUSTENPUPPE

Bei Wörtern mit *p* und auch bei Wörtern mit *nk* hilft deutliches Sprechen: **Pinsel**, **krank**.

- Suche die sechs Namenwörter heraus, und schreibe sie auf.
- Schreibe die drei Tunwörter mit dem großen Zeh auf den Boden.

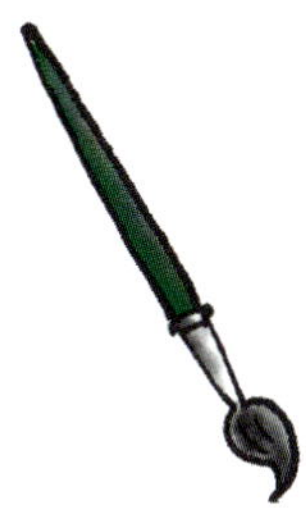

19 Krank oder nicht krank?

Wenn du deutlich sprichst, kannst du hören, ob ein Wort mit *nk* oder mit *ng* geschrieben wird: **krank**, **flink**, **Junge**.

Alex liegt im Bett. Ob er krank ist? Heute früh hatte er noch Bauchweh gehabt. Er wollte nichts essen und trinken. So kam seine Mutter auf den Gedanken, ihn ins Bett zu stecken.

Wie dunkel und langweilig es in seinem Zimmer ist! Morgen würde er bestimmt kein Bauchweh haben. Flink holt er sich ein Buch aus dem Schrank.

(Wörteranzahl: 58)

- Schreibe einen Abschnitt ab, oder schreibe die grünen Wörter mit dem Finger auf deinen Unterarm.

Bei Wörtern mit *fl* hilft dir deutliches Sprechen:
flüstert, **flucht**.

20 Böse Worte

Florians Opa hat einen Papagei. Er heißt Maxi. Maxi flitzt am liebsten Fliegen hinterher. Heute aber flattert er in dem großen Käfig herum und flucht laut.

Florians Oma ruft: „Florian, hast du dem Tier diese bösen Worte beigebracht?"

„Ich habe ihm nur gesagt, was er nicht sagen soll", flüstert Florian vor sich hin.

(Wörteranzahl: 53)

▶ Für gute Schüler: Schreibe je drei Namen-, Tun- und Wiewörter mit *fl* aus einem Wörterbuch in eine Tabelle.

21 Ein Nashorn zum Anfassen

Barbara schreibt in einem Diktat das Wort Nashorn klein. Die Lehrerin meint: „Habe ich euch nicht schon hundert Mal gesagt, dass alles großgeschrieben* wird, was man anfassen kann?"

Barbara staunt: „Ja, darf man denn ein Nashorn anfassen?"

(Wörteranzahl: 37)

Wörter mit *r* solltest du immer deutlich sprechen. Sonst vergisst du nach einem Selbstlaut schnell das *r* beim Schreiben:
darf, **Nashorn**.

22 Leckerbissen für die Ziegen

Langsam ging der alte Wolfgang zum Stall hinüber. Er wollte seine Ziegen begrüßen. Das tat er jeden Morgen. Und er tat es immer gern.

Heute brachte er ihnen einige Möhren und Salatblätter. Als er sie ihnen zeigte, sprangen sie sofort gierig an der Stallwand hoch und fraßen ihm die Sachen aus der Hand. Was er ihnen wohl morgen bringen wird?

(Wörteranzahl: 60)

▶ Lies den Text sorgfältig. Dann schreibe einen der beiden Abschnitte in Schönschrift ab.

g hört sich manchmal wie *k* an: **zeigte**. Deutliches Sprechen hilft hier nicht immer. Sammle *g*-Wörter aus deinem Lesebuch und Sprachbuch. Lies sie laut, und präge sie dir ein. Wörter, die dir besonders schwer fallen, übst du am besten mit dem Karteikasten.

Auch bei den *br*-Wörtern hilft dir deutliches Sprechen: **braun**, **brüllte**.

23 Wo ist die Brille?

Gestern suchte mein Bruder seine Brille. Er suchte sie hinter unserem braunen Sessel, neben dem breiten Sofa und unter dem Briefpapier. Aber er fand sie nicht. Schließlich brüllte er vor Wut.

Doch dann hörte ich ihn laut lachen. Sie war die ganze Zeit auf seiner Nase gewesen. Bravo, Bruderherz!

(Wörteranzahl: 49)

▶ Lass dir den ersten Abschnitt diktieren.

▶ Suche fünf *br*-Wörter im Wörterbuch.

24 Schräge Vögel

Im zweiten Schuljahr gibt es viele Kinder, die ein Instrument spielen.

Jeden Tag üben sie auf dem Klavier, der Violine oder Flöte. Zu Karneval wollten sie sich als schräge Vögel verkleiden und lustige Lieder vorspielen. Ein Vater half bei den Proben.

Als sie in ihren Kostümen vor den Zuschauern auftauchten, mussten alle so lachen, dass die Musik wirklich schräg klang.

(Wörteranzahl: 60)

Manchmal wird *v* wie *f* gesprochen (**Vögel**, **viele**) und manchmal wie *w* (**Klavier**, **Violine**). Dafür gibt es keine Regel.

- Schreibe den Text ab, und unterstreiche die *v*-Wörter.
- Für gute Schüler: Schreibe aus deinem Wörterbuch noch einige *v*-Wörter heraus.

Wenn viele Mitlaute hintereinander stehen, musst du beim Schreiben besonders deutlich mitsprechen: **gepflanzt**, **Pflaume**.

25 Lukas liebt Pflaumen

Im Schulgarten hat jede Klasse ihr eigenes Beet.
Da können die Kinder pflanzen, was sie wollen.
Sie müssen ihr Beet pflegen.
Die zweite Klasse hat einen Pflaumenbaum gepflanzt.
Er ist noch klein.
Lukas will schon eine Leiter besorgen.
Er möchte die erste Pflaume pflücken.
Hoffentlich fällt er nicht von der Leiter!
Sollte er sich nicht auch schon ein Pflaster besorgen?

(Wörteranzahl: 60)

- Schreibe alle *pfl*-Wörter alphabetisch geordnet auf.
- Für gute Schüler: Schreibe den Text als Laufdiktat (siehe Vorwort).

26 Knusper, Knusper, Knäuschen

Für den *ks*-Laut wird manchmal der Buchstabe *x* geschrieben: **Hexe**, **Boxer**. Es gibt nur wenige Wörter mit *x*. Präge sie dir am besten gut ein.

(Wörteranzahl: 10)

▶ Trage die Wörter aus dem Hexenhaus in das Rätsel ein. Wenn du schon sicher in der Rechtschreibung bist: Lass dir die Wörter diktieren!

Jungenname
Wörterbuch
schriftliche Nachricht per Telefon
schnell
Auto (mit Fahrer)
Musikinstrument
Sportler
Küchengerät
Meerjungfrau
böse Frau im Märchen

Der *sch*-Laut besteht aus drei Buchstaben. Hier hilft deutliches Mitsprechen beim Schreiben: **schön**, **rasch**.

▶ Schreibe ein Laufdiktat (siehe Vorwort). Lass die Redezeichen weg.

27 Die Schneefrau

In der Nacht hat es frisch geschneit.
Auf dem Schulhof liegt hoher Schnee.
Alle Schüler der Klasse 2 möchten einen Schneemann bauen.
Sie formen rasch drei große Kugeln.
Plötzlich schreit Maria.
Sie ist ausgerutscht und liegt auf dem Bauch.
Ihre Schwester lacht.
„Ihr könnt Schluss machen! Die Schneefrau ist fertig!
Kommt, stellt Maria schön gerade hin!“

(Wörteranzahl: 56)

28 Ein ungewöhnliches Geschenk

Die Zwillinge Susi und Mark haben zwei kleine Ziegen geschenkt bekommen. Es sind Zwergziegen. Sie leben im Garten hinter dem Haus. Dort können sie auf Steinen klettern und in einem Stall schlafen.

Susis Ziege ist weiß und heißt Zwieback, weil sie gerne Zwieback knabbert. Marks Ziege ist schwarz und heißt Max. Sie ist etwas größer als Zwieback.

(Wörteranzahl: 57)

Bei Wörtern mit *zw* hilft dir deutliches Sprechen: **zwei**, **Zwieback**. Leises Mitsprechen beim Schreiben verhindert, dass du das *w* vergisst.

- Schreibe die grünen Wörter ab.
- Schreibe die Wörter *zwischen*, *zwölf* und *zwanzig* ganz groß auf Papier oder in den Sand.

29 Ein kleiner Unfall

Am letzten Schultag im März wanderte die 2b durch den Wald.

Klaus und Lena liefen allen voran. Doch da stürzte Klaus über eine Wurzel. Kurz darauf stand er schon wieder auf seinen Beinen. Aber er hatte große Schmerzen im linken Fuß.

Auf der weiteren Wanderung musste er sich dumme Scherze wegen seines Sturzes anhören. Aber er lachte nur darüber!

(Wörteranzahl: 59)

Deutliches Sprechen hilft dir sehr bei *rz*-Wörtern. Dann vergisst du nicht das *r* vor dem *z*: **März**, **kurz**.

- Schreibe den Text als Laufdiktat (siehe Vorwort).
- Schreibe *Kerze*, *Warze* und *stürzen* mit dem Finger auf den Boden.

Wenn du deutlich sprichst, kannst du hören, ob ein Wort mit *ng* oder *nk* geschrieben wird: **Junge**, **bange**, **Tankstelle**.

30 Abgetaucht

Mit Schwung springt Elias Finger in das Meer. Der Junge taucht und bleibt Schlange lange unter Wasser. Seinem Vater wird Ding schon ganz bange. Da taucht Elias wieder Zange auf. Hurra!

(Wörteranzahl: 31)

- Lies den Text sorgfältig durch. In jedem Satz ist ein Wort zu viel. Schreibe den Text richtig ab.
- Für gute Schüler: Schreibe die vier Namenwörter, die zu viel sind, in der Mehrzahl auf.

31 So viele qu-Wörter!

QUELLEQUARKQUALLEQUAKENQUALMQUADRATQIETSCHENQUIZ

- Schreibe die sechs Namenwörter, die hier versteckt sind, jemandem mit dem Finger auf den Rücken.
- Für gute Schüler: Schreibe auch die beiden Tunwörter ganz klein auf ein Zettelchen. (Man muss sie noch lesen können.)

Wörter mit *qu* prägst du dir am besten ein. Es gibt nicht viele davon: **quellen**, **Quark**.

32 Ganz stolz

Ganz stolz Ziel zeigt Anja ihrer Oma zittern ein Bild in der zart Zeitung. Es zeigt Zettel sie mit zornig ihrer zögern Tanzgruppe.

(Wörteranzahl: 23)

▶ Hier findest du zwei Sätze mit *z*-Wörtern. Leider sind sechs Wörter hineingeraten, die nicht dazugehören. Schreibe die beiden Sätze richtig auf.

▶ Für gute Schüler: Ordne die Wörter, die zu viel sind, nach Namenwörtern, Tunwörtern und Wiewörtern.

Es gibt viele Wörter mit *z*. In der Mitte oder am Ende eines Wortes steht es oft hinter einem *l*, *n* oder *r*: **stolz**, **Tanzgruppe**, **Gewürz**.

33 Der Sturm

In der Nacht tobte ein heftiger Sturm. Er schüttelte die Bäume, rüttelte an den Fensterläden und fegte die Blätter von den Bäumen. Jana zog sich die Decke über den Kopf.

Aber dann hat der Sturm sogar das Dach von Janas Kuhstall weggeweht. Da waren alle plötzlich wach.

Nun ist es draußen still. Der Sturm ist vorbei.

(Wörteranzahl: 57)

▶ Bilde mündlich *d*-Wörter:

__usche, __ezember, __onnern, __anken, __ichten, __ackel

▶ Schreibe davon die drei Namenwörter jemandem mit dem Finger auf den Rücken.

Bei Wörtern mit *d* am Wortanfang hilft dir deutliches Sprechen. Sprich beim Schreiben am besten leise mit: **Decke**, **der**, **Dach**.

> Das stimmhafte (gesummte) *s* wird immer als einfaches *s* geschrieben. Man spricht es vor einem Selbstlaut, wie bei **Ilse** oder zwischen zwei Selbstlauten wie bei **Pause** und **lesen**.

1 Der starke Max

Es ist Pause. Lisa will gerade lesen. Da kommt Max. Er ist der Stärkste in der Klasse und der beste Fußballspieler. Lisa bewundert Max.

Leise setzt er sich neben sie und fragt: „Kannst du mir helfen? Du kannst doch so gut lesen.“ Lisa strahlt: „Natürlich, gerne.“

Seit diesem Tag üben die beiden zusammen. Und Max wird immer besser.

(Wörteranzahl: 58)

▶ Lies deutlich, und achte besonders auf das gesummte *s* in den grünen Wörtern. Schreibe diese Wörter ab.

2 Schau genau hin!

fleißigweißgießenfließengroßsüßbeißenheißschießenreißen

▶ Schreibe die Wörter richtig auf.

▶ Für gute Schüler: Ordne sie nach Wie- und Tunwörtern.

> – Nach langem Selbstlaut und Doppellaut wird der stimmlose (gezischte, scharfe) *s*-Laut meistens als *ß* geschrieben: **weiß**, **reißen**.
> – Einige Ausnahmen sind z.B. **Eis**, **das**.

3 Himmelsrichtungen bestimmen

Du kannst auch ohne Kompass bei Sonnenschein die Himmelsrichtung feststellen. Das wissen nicht viele Leute. Dazu brauchst du eine Armbanduhr. Du musst den Stundenzeiger auf die Sonne richten. Dann halbiere in dem kleineren Feld den Winkel bis zur 12. Diese Linie weist nach Süden.

Ich hoffe, du wirst das nicht vergessen.

(Wörteranzahl: 51)

- ▶ Schreibe die vier grünen Wörter auf.
- ▶ Bilde mündlich Wörter:

Me___er, wi___en, e___en, Kla___e,

Wa___er, fa___en, Schlü___el.

- Nach kurzem Selbstlaut wird der stimmlose (gezischte, scharfe) *s*-Laut meistens als *ss* geschrieben: **wissen**, **musst**.
- Ausnahmen sind z. B. *Haus*, *Glas*, *das*.

4 Gut versteckt

Eepioschlimmkjulschlankhjztschnellkmposchnaufeneulschlaudhgfschneien

- ▶ Hier sind drei Wörter mit *schl* und drei Wörter mit *schn* versteckt. Kannst du sie finden? Schreibe sie auf.
- ▶ Für gute Schüler: Welche dieser Wörter sind Tunwörter?

Bei den Mitlauten *schl* und *schn* musst du genau hinhören. Es hilft auch, wenn du die Wörter selbst immer deutlich sprichst: **schlimm**, **schneien**.

5 So ein Pech!

für das Sommerfest   Die 2b   hatte   eingeübt   einen Tanz .

hatten sich   als Schmetterlinge   verkleidet   Alle Kinder .
bunt geschminkt   Ihre Gesichter   waren .
losgehen   es   konnte   Endlich !
auf der schmalen Treppe   Marten   Doch   stolperte .
kullerten   über seine Wangen   Dicke Tränen .
verschmiert   Seine Schminke   war , und waren
schmutzig   seine Hände .

tapfer   Aber   er   war .
mit   er   tanzte   Trotz der Schmerzen .

(Wörteranzahl: 57)

▶ Schreibe die Purzelsätze richtig auf.

Wenn viele Mitlaute hintereinander stehen, erleichtert dir deutliches Mitsprechen das Schreiben: **schmal**, **Schmerzen**, **schwarz**, **schwierig**.

6 Anne und das Meerschweinchen

Anne stürmt in die Klasse. „Ich habe ein Meerschweinchen!“

Es hat schwarze Augen. Den kleinen Schwanz kann man unter dem buschigen Fell nicht sehen. Alle Kinder wollen es streicheln. Mit Schwung setzt Anne das Meerschweinchen auf das Pult. Doch da! Es verschwindet unter einem Regal .

Es ist schwierig, das kleine Tier wieder einzufangen. Mit einem Apfelstückchen gelingt es Anne.

(Wörteranzahl: 59)

▶ Schreibe alle Wörter mit *schw* oder *Schw* ab.

▶ Suche noch mehr Wörter im Wörterbuch, und schreibe sie auf.

7 Lea spinnt doch nicht!

Lea macht die Schule Spaß.
Am liebsten hat sie Sport.
Heute machen sie ein Spiel.
Dabei müssen die Kinder wie Spinnen laufen.
Es ist ein spannender Wettkampf.
Wer wird gewinnen?
Lea ist an der Reihe.
Aber was macht sie?
Sie springt wie ein Löwe.
„Ich habe Angst vor Spinnen!“, ruft sie.
Die Lehrerin ist sprachlos, die Kinder lachen.

(Wörteranzahl: 58)

▶ Schreibe den Text als Laufdiktat (siehe Vorwort). Lass dabei die Redezeichen weg.

Du hörst *schp* und *scht*, aber du schreibst *sp* und *st*: **Sport**, **springt**, **Stern**, **streiten**.
Merke dir folgenden Tipp: Vor *p* und *t* steht niemals *sch*!

8 Welche Wörter haben Lerndrachen zum Fressen gern?

▶ Schreibe die Wörter in dein Heft. Schreibe alle *st* farbig nach.

1 Überraschung!

Jeron ist ein kleiner Lümmel. Gestern ging er mit seinem Onkel zum Teich. Der Onkel warf die Angel aus und wartete auf einen Fisch. Jeron wurde es langweilig.

Er schlich davon, zog seine Kleider aus und tauchte. Dann hängte er seinem Onkel einen alten Stiefel an die Angel. Dieser rief: „Das ist doch der Gipfel!“ Aber er lachte dabei laut.

(Wörteranzahl: 60)

▶ Lies den Text laut, und schreibe die *el*-Wörter heraus.

▶ Bilde Wörter mit *el*:

Wink___, Zirk___, Deck___, Fack___, Seg___, Ärm___.

Wörter werden aus Bausteinen zusammengesetzt. Es gibt viele verschiedene Bausteine, zwei davon sind *el* und *en*. Du findest diese beiden meistens am Ende von Wörtern: **Gipfel**, **hoffen**.

2 Die Entdecker Amerikas

Der Lehrer hängt die große Weltkarte auf. Er sagt: „Maren, ich will hoffen, dass du uns Amerika zeigen kannst.“ Maren holt sich einen langen Zeigestock, zeigt auf Amerika und setzt sich wieder.

„Nun, und wer hat Amerika entdeckt?“, fragt der Lehrer. Da rufen alle wie aus einem Munde: „Maren!“

(Wörteranzahl: 49)

▶ Schreibe den ersten Abschnitt als Laufdiktat (siehe Vorwort). Lass dabei die Redezeichen weg.

3 Der große Napoleon

Der Lehrer erzählt aus der Geschichte der Stadt: „Napoleon war ein großer Kaiser der Franzosen. Einst eroberte er diese Stadt. Lange Zeit war er sehr erfolgreich. Er eroberte viele Burgen und Städte im Sturm."

Niko meldet sich und fragt: „Und was hat Napoleon bei schönem Wetter gemacht?"

(Wörteranzahl: 47)

er ist ein Wortbaustein. Du findest ihn oft am Anfang und am Ende von Wörtern: **Lehrer**, **erzählt**.

▶ Schreibe den ersten Abschnitt ab.

▶ Für gute Schüler: Schreibe den ersten Abschnitt als Laufdiktat (siehe Vorwort). Lass die Redezeichen weg.

4 Auf dem Schulfest

Das war gestern ein großer Spaß auf unserem Schulfest!

Ina durfte vorsingen, und Laura durfte vortanzen. Markus wollte etwas vorturnen, aber dann musste er doch auf seiner Geige vorspielen. Alex vergaß sein Gedicht, und Jeron musste ihm vorsagen.

Aber sonst lief alles prima, denn es war alles gut vorbereitet gewesen.

(Wörteranzahl: 50)

▶ Bilde drei weitere neue Wörter mit *vor-*.

Der Baustein *vor-* verändert die Bedeutung eines Wortes: **singen – vorsingen**, **sagen – vorsagen**.

5 April, April!

Die Kinder wollen die Lehrerin in den April schicken. Zum Glück verspätet sie sich heute. Da haben sie Zeit, die Uhr zu verstellen.

Alle Kinder sind in ihre Arbeit vertieft. Plötzlich verkündet Sebastian: „Pause!“ Die Lehrerin schaut auf die Uhr. Die Zeit vergeht heute aber schnell!

Kaum sind die Hefte in den Schultaschen verschwunden, rufen die Kinder: „April, April!“

(Wörteranzahl: 59)

▶ Lies den Text laut, und zeichne dabei die Silbenbögen ein. Sprich die Silben deutlich! Schreibe dann den Text ab.

Vorsilben verändern den Sinn von Wörtern!
- Viele Wörter werden mit der Vorsilbe *ver-* gebildet: **stellen – verstellen**, **tief – vertiefen**.
- Andere Wörter werden mit der Vorsilbe *Ge-/ge-* gebildet: **Land – Gelände**, **sehen – gesehen**.

6 Einfach genial*

Simon und Nicolas hocken im Gebüsch. Sie haben in einem Katalog etwas Tolles* gesehen. Nun überlegen sie gemeinsam, welchen Geländewagen* sie sich zum Geburtstag wünschen sollen.

Sie entdecken ihn: Er ist gut gefedert. Im felsigen Gelände lässt er sich gut steuern. Die Geschwindigkeit kann man einstellen. Beide rufen: „Der ist super!“

(Wörteranzahl: 51)

7 So ein Nebel!

(Wörteranzahl: 37)

▶ Schreibe die Sätze ab und unterstreiche die Wörter mit *-ig*.

Mit der Nachsilbe *-ig* kannst du Wiewörter bilden: **Mut** + **-ig** = **mutig**. Wiewörter schreibst du klein.

8 Stimmt es, oder stimmt es nicht?

Tunwörter in der dritten Person Einzahl haben immer ein *t* am Wortende: er **sieht**, sie **antwortet**. Du schreibst sie klein.

Leon, Hanne und Oma spielen Mühle. „Oma, Leon pfuscht!“, schreit Hanne. „Das stimmt nicht!“, brüllt Leon. „Doch“, beharrt Hanne, „ich habe es gesehen!“

Da schlägt Leon seine Schwester. Die Oma tadelt ihn: „Ein Herr schlägt keine Dame.“ Leon antwortet ungerührt: „Und eine Dame lügt nicht.“

(Wörteranzahl: 45)

9 Im Zwergenland ist alles klein

Die Zwerge wohnen in einem Häuschen. Es steht am Rande eines Wäldchens. Das Gärtchen ist umgeben von einem Zäunchen. Auf der Wiese wachsen bunte Blümchen.

Im Winter fallen viele Schneeflöckchen. Das Dächlein ist dann ganz weiß. Das Bächlein friert zu, und die Vögelchen singen nicht mehr.

(Wörteranzahl: 46)

-chen und *-lein* machen alles klein! Dabei verändert sich der Wortstamm: **Haus – Häuschen**, **Bach – Bächlein**.

▶ Und wie ist es im Land der Riesen? Schreibe so in dein Heft:

Die Riesen wohnen in einem ______________. Es steht am Rande ...

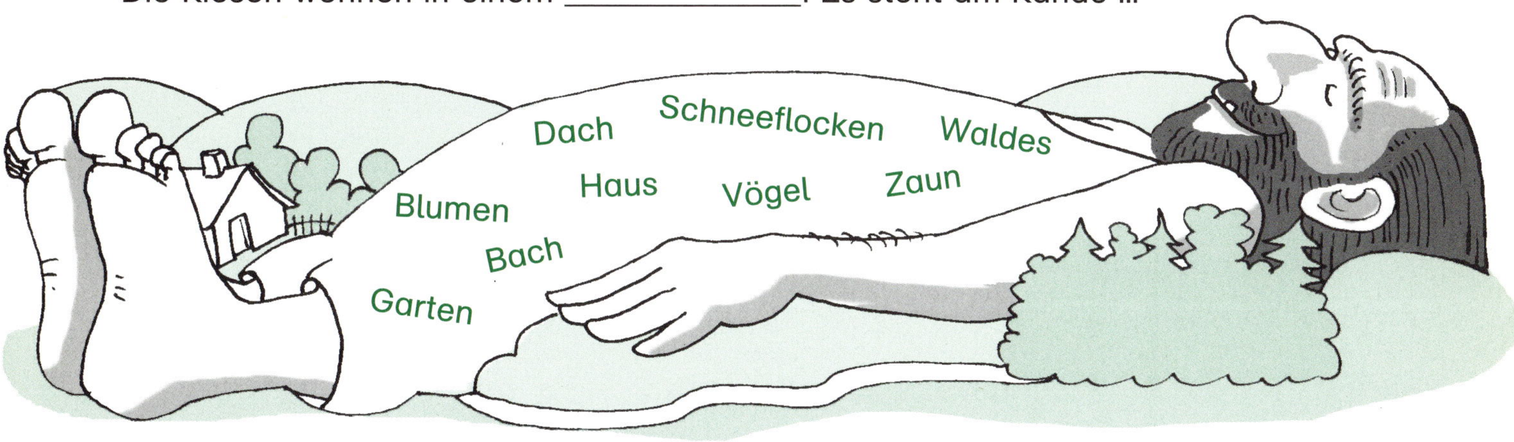

10 Das wünsche ich mir

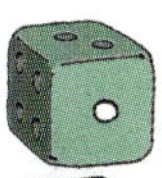 In jedem Land soll Frieden sein.

 Jedes Kind soll genug zu essen haben.

 Die Luft soll sauber sein.

 Der Wald darf nicht sterben.

 Mein Freund soll glücklich sein.

 Einmal am Tag möchte ich ein Lob hören.

(Wörteranzahl: 36)

▶ Bei diesen Würfelsätzen gehst du so vor:
1. Würfle eine Zahl.
2. Lies den Satz.
3. Merke dir den Satz.
4. Schreibe ihn auf.
5. Kontrolliere.

Ob ein Wort am Ende mit *d* oder *t*, mit *b* oder *p*, mit *g* oder *k* geschrieben wird, kannst du hören, wenn du es verlängerst: **Land – Länder**, **Lob – loben**, **Tag – Tage**.

11 So viel?

Kennst du das Kind, das nie genug bekommen kann? Es nimmt sich vier Äpfel, vier Bälle, vier Bücher, vier Flöhe, vier Blätter, vier Stöcke, vier Züge, vier Vögel.

Es hat aber viele Brüder. Sie müssen sich die Sachen teilen.

Dann bekommt jeder einen A___________, einen B_________, ein B_________, einen F_________, ein B___________, einen St___________, einen Z_________ und einen V___________.

(Wörteranzahl: 59)

▶ Trage die Wörter in der Einzahl ein.

▶ Weißt du, wie viele Brüder das Kind hat?

Mehrzahlwörter mit *ä*, *ö* oder *ü* haben meistens ein Einzahlwort mit *a*, *o*, *u*:
Äpfel – Apfel,
Brüder – Bruder,
Vögel – Vogel.

12 Der längste Fluss

Die Lehrerin erklärt:

„Amerika ist groß. Es ist größer als Europa. Die Stadt Köln ist kleiner als die Stadt Berlin. Der Atlantik ist sehr tief. Er ist tiefer als die Nordsee. Und nun, Hanno, kannst du mir sicher einen der längsten Flüsse nennen.“

„Ja, natürlich“, antwortet Hanno sofort, „welchen denn?“

(Wörteranzahl: 50)

▶ Für gute Schüler: Steigere die Wörter *schnell*, *kurz* und *dick*.

Bei gesteigerten Wiewörtern ändert sich manchmal der Wortstamm:
groß – größer, lang – länger.

13 Die Postkarte

Zum Osterfest schreibt Herr Herten seinem Freund eine Osterkarte. Er gibt Lena 55 Cent und die Postkarte mit der Bitte: „Kaufe eine Briefmarke, klebe sie auf die Postkarte, und wirf die Karte in den Briefkasten."

Kurz darauf kommt Lena stolz wieder: „Hier hast du dein Geld zurück. Ich habe die Postkarte in den Briefkasten geworfen, als niemand hingesehen hat."

(Wörteranzahl: 59)

Durch Zusammensetzungen können neue Namenwörter gebildet werden: **Post** + **Karte** = **Postkarte**. Du schreibst sie wie alle Namenwörter groß.

- Schreibe die zusammengesetzten (grünen) Namenwörter ab.
- Für gute Schüler: Bilde zusammengesetzte Namenwörter mit *Garten*.

14 Der Einkaufszettel

Lisa wollte einkaufen gehen. Vorher hatte sie sich alles aufgeschrieben, was sie kaufen wollte. Im Laden bekam sie schnell einen Einkaufswagen und konnte losschieben. Jetzt wollte sie ihren Zettel herausholen.

Aber o weh! Sie fand ihn nicht. Nun stand sie da und musste noch einmal neu überlegen, was sie alles einkaufen wollte.

(Wörteranzahl: 52)

Durch Zusammensetzungen können neue Tunwörter gebildet werden: **über** + **legen** = **überlegen**. Du schreibst sie wie alle Tunwörter klein.

15 Der neue Rock

Blitzschnell rannte Paula zu ihrer Freundin Hanna. Sie wollte sich Hannas neuen dunkelblauen Rock mit dem hellgelben Gürtel anschauen. Gestern hatte sie ihn in dem nagelneuen Geschäft an der Ecke gesehen. Den hätte sie auch gerne gehabt! Aber die Mutter wollte ihn nicht kaufen.

So trug Paula weiterhin ihren hellrosa Rock mit dem grasgrünen Gürtel. Der war auch nicht schlecht.

(Wörteranzahl: 60)

Durch Zusammensetzungen können neue Wiewörter gebildet werden: **hell – hellrosa**. Du schreibst sie wie alle Wiewörter klein.

- Schreibe die grünen Wörter ab.
- Für gute Schüler: Lass dir den ersten Abschnitt diktieren.

16 Unser Schäferhund Rex

Rex, unser Schäferhund, findet es herrlich, wenn wir durch den Wald laufen. Am meisten liebt er den herbstlichen Wald, wenn das Laub fällt. Da gibt es für ihn reichlich zu schnuppern und zu entdecken.

Rex ist dann richtig glücklich.

(Wörteranzahl: 39)

- Für gute Schüler: Bilde selbst Wiewörter mit *Feind, Freund, Hof* (!), *Sommer + lich.*

Mit der Nachsilbe *-lich* kannst du Wiewörter bilden: **herr + lich = herrlich**. Wiewörter schreibst du klein.

1 Der Igel und das Eis

Ein Igel kommt in ein Eiscafé*. Dort fragt er nach ei-nem Bananeneis. Er isst das Eis und dann den Teller ganz auf. Den Löffel lässt er lie-gen und geht wie-der.

Zwei andere Igel schauen zu. Da sagt der ei-ne: „Sehr ko-misch!"

Der andere antwortet: „Das finde ich auch. Der Löffel schmeckt doch am besten!"

(Wörteranzahl: 54)

- ▶ Schreibe den Text in dein Heft ab, und zeichne Silbenbögen unter die getrennt geschriebenen Wörter: lie-gen.
- ▶ Erzähle den Witz deiner Freundin oder deinem Freund!

Wörter, die zwei Silben haben, kannst du zwischen ihren Sprechsilben trennen. Sprich deutlich, und klatsche dabei: **ei-ne**, **Schul-tag**, **Mut-ter**.

2 Das Zeugnis

Fröhlich kommt Nik-las am letzten Schul-tag nach Hause. Endlich Ferien! Er zieht sich um und will gleich schwim-men gehen.

„Na?", fragt seine Mut-ter erstaunt. „Habt ihr heute keine Zeugnisse bekommen?

„Doch!", antwortet Nik-las mun-ter. „Aber ich habe meines An-na geliehen. Die will näm-lich ihre El-tern mal so richtig erschrecken!"

(Wörteranzahl: 49)

- ▶ Für gute Schüler: Sprich jedes grüne Wort ganz deutlich, und klatsche dabei. Dann schreibe die Wörter in Silben ab: Nik-las.

3 Schöne Aussicht!

Max erzählt in seiner Klas-se diesen Witz:

Han-na besucht ihren Bruder Simon. Simon wohnt in einem kleinen Haus am Meer. Stolz erzählt er: „Ich kann von meinem Fenster aus jeden Abend sehen, wie die Son-ne im Meer untergeht!“

„Und was ist bei schlechtem Wet-ter?“, fragt Han-na.

„Dann sehe ich, wie die Schif-fe untergehen!“

(Wörteranzahl: 53)

Wörter mit zwei gleichen Mitlauten trennst du zwischen diesen beiden Mitlauten: **Klas-se**, **Wet-ter**.

▶ Lies die grünen Wörter laut, und klatsche dabei.

▶ Finde Reimwörter, und trenne sie wie im Beispiel.

Son-ne	But-ter	Pfan-ne	es-sen
W__________	M__________	K__________	fr__________
T__________	F__________	T__________	m__________

4 Der Apfelbaum

In unserem Garten steht ein großer Ap-felbaum. Seine Äp-fel schmecken wunderbar!

In diesem Jahr ist der Ap-felbaum so groß geworden, dass einer seiner Äs-te gegen unser Haus drückt. Wenn meine Schwes-ter und ich unser Fens-ter aufmachen, stoßen unsere Köp-fe gegen den schweren Ast.

Vater schneidet den Ast zurück. Nun können wir wieder gut in den Garten schauen.

(Wörteranzahl: 57)

- Wörter mit *st* trennst du zwischen *s* und *t*: **Äs-te**, **Fens-ter**.
- Wörter mit *pf* trennst du zwischen *p* und *f*: **Äp-fel**, **Köp-fe**.

▶ Lies die grünen Wörter laut. Klatsche dabei.

▶ Für gute Schüler: Lies alle Wörter der Wörterschlange deutlich. Klatsche dabei die Silben, und schreibe sie so auf: Ap-fel.

APFELSCHWESTEROSTERNTÖPFEKISTEGIPFEL

ch, *sch* und *ck* sind jeweils ein Laut und werden deshalb nie getrennt: **Dra-chen**, **Ta-schen**, **pa-cken**.

5 Der Ausflug der kleinen Drachen

Die kleinen Dra-chen machen einen Ausflug. Sie pa-cken viele Sa-chen ein: Fla-schen, Ta-schen, De-cken. Sogar ihre Bü-cher nehmen sie mit. Ein Ku-chen ist auch dabei. Den hat gestern die Oma der kleinen Dra-chen geba-cken. Ach, wie herrlich das in der Kü-che geduftet hat!

(Wörteranzahl: 43)

▶ Für gute Schüler: Lies die grünen Wörter laut. Klatsche sie, und schreibe sie zerlegt ab: Dra-chen.

6 Zu viel Sonne

Es ist ein warmer Sommertag. Tobias geht eine einsame Stra-ße entlang. Ihm ist sehr warm. Es wird immer hei-ßer.

Da kommt ein schwarzes Ungeheuer auf Tobias zu und will ihn bei-ßen. Das findet er gar nicht spa-ßig! Er will es wegsto-ßen. Doch da sieht er, wie die Fü-ße des Ungeheuers grö-ßer und grö-ßer werden ...

Zum Glück wacht er auf.

(Wörteranzahl: 59)

▶ Schreibe den Text ab. Achte auf die getrennt geschriebenen Wörter: Stra-ße.

Auch Wörter, die ein *ß* enthalten, zerlegst du nach ihren Sprechsilben. Klatsche dabei: **hei-ßer**, **Stra-ße**, **Fü-ße**.

Wenn du Wörter trennst, bleibt das Dehnungs-*h* immer bei dem dazugehörenden Selbstlaut oder Umlaut: **neh-men**, **Hüh-ner**.

7 Au weia!

Der Leh-rer will seinen Schülern einen Witz erzäh-len:

Ein Fuchs und zwei Hüh-ner fah-ren gemeinsam ins Restaurant*. Die Hühner wäh-len ein Essen aus und bestellen: „Wir neh-men zweimal grüne Boh-nen."

Da zeigt der Fuchs lachend seine spitzen Zäh-ne und sagt: „Und ich hätte gern zweimal Sah-ne auf die Hüh-ner!"

(Wörteranzahl: 49)

▶ Für gute Schüler: Schreibe die grünen Wörter in dein Heft ab: Leh-rer.

8 Das macht die Familie am liebsten!

Sarah trägt gern bunte Bänder in ihren Haa-ren. Lucas fährt oft mit schnellen Boo-ten. Sophie isst am liebsten Erdbee-ren mit Sahne. Mutter freut sich besonders über lee-re Mülleimer. Vater stellt sich immer morgens auf die Waa-ge. Oma arbeitet gern in den Gemüsebee-ten im Garten. Opa hat viele Arten von Moo-sen gesammelt.

(Wörteranzahl: 51)

▶ Suche dir vier Sätze aus, und schreibe sie in dein Heft ab.

▶ Für gute Schüler: Lass dir den Text mit den getrennten Wörtern diktieren.

Die doppelten Selbstlaute *aa*, *ee* und *oo* bleiben beim Trennen immer zusammen: **Haa-re**, **Bee-ren**, **Moo-se**.

9 Arme Laura!

Was ist denn heu-te nur los? Lau-ra hat Fieber und hustet. Sie jammert leise. Ab ins Bett mit dir!

Mutter will ihr eine Freu-de machen. Sie fährt mit dem Au-to in die Stadt. Dort kauft sie teu-re Trau-ben für vier Eu-ro und fährt schnell wieder nach Hau-se. Lau-ra wird sich bestimmt freu-en!

(Wörteranzahl: 52)

Wenn du Wörter trennen musst mit zwei Selbstlauten, die aufeinander folgen, bleiben die beiden Selbstlaute immer zusammen: **heu-te**, **Trau-ben**, **fei-ne**, **Häu-ser**.

▶ Für gute Schüler: Zerlege die Wörter in der Wörterschlange. Sprich sie laut, und klatsche die Silben: Au-to.

AUTOEULERAUPEFEUERBAUERFREUDEAUGE

10 Eine sehr kurze Reise

Zehn Mäu-se gehen auf ei-ne Rei-se. Sie ziehen fei-ne Klei-der an und packen ihre Rucksäcke. Vierzig Bei-ne stecken in braunen Stiefeln. Um jedes Schwänzchen wird eine Schlei-fe gebunden.

Die Mäu-se huschen lei-se aus ihren klei-nen Häu-sern in den Garten.

Doch da – ein Schatten auf der Gartenmauer! Die Katze! Alle schrei-en auf und suchen Schutz im Kräu-terbeet. Ende der Reise!

(Wörteranzahl: 59)

▶ Sortiere die grünen Wörter richtig ein.

Wörter mit ei	Wörter mit äu
ei-ne	

1 Eine schlaflose Nacht

Tom lag im Bett.
Der Mond schien durch das Fenster.
Der Vorhang bewegte sich.
An der Wand waren komische Schattenspiele.
Von draußen kam ein Geräusch.

Tom kroch tiefer unter seine Decke.
Mama hatte doch Recht.
Der Film mit den furchtbaren Wesen aus dem Raumschiff war zu aufregend gewesen.
Morgen würde er lieber einen lustigen Film anschauen.

(Wörteranzahl: 56)

Am Ende eines Aussagesatzes steht ein Punkt:
Tom lag im Bett**.**

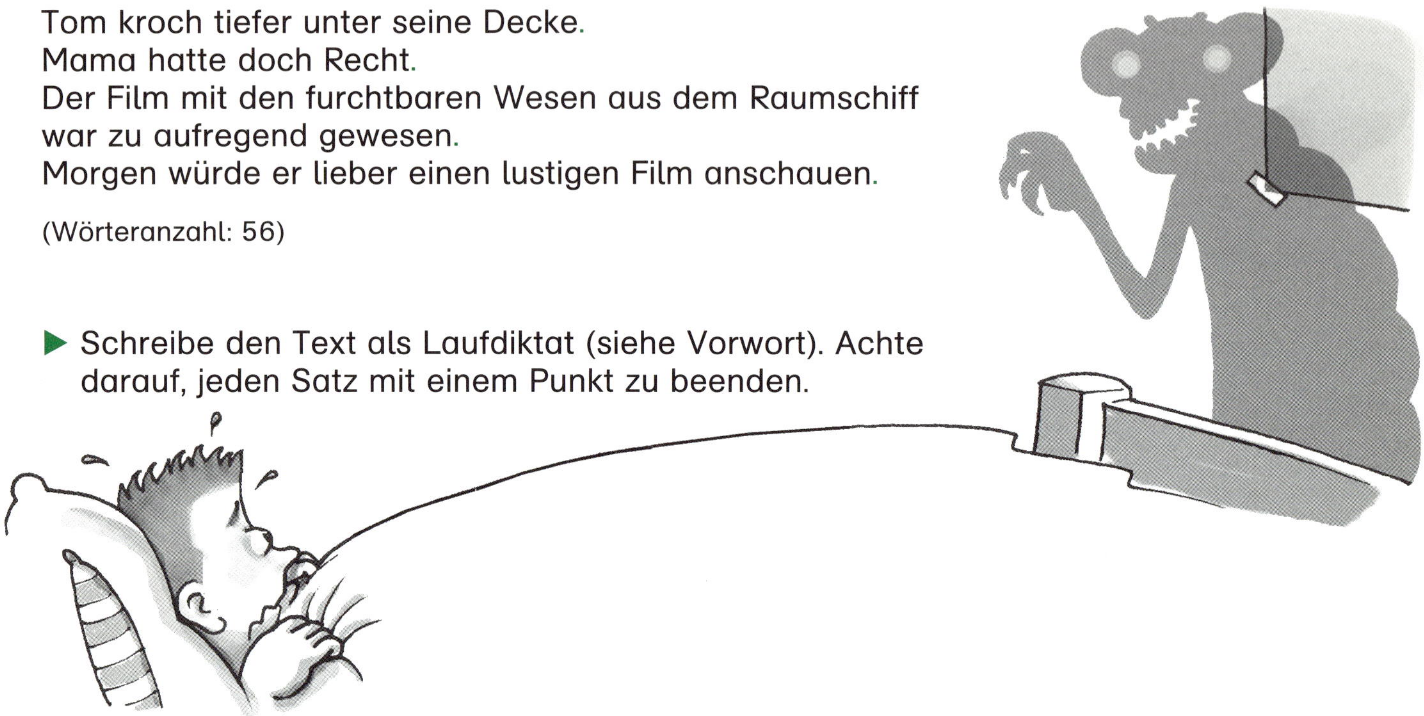

▶ Schreibe den Text als Laufdiktat (siehe Vorwort). Achte darauf, jeden Satz mit einem Punkt zu beenden.

2 Warum? Warum? Warum?

„Warum muss ich mein Zimmer aufräumen?“

Mein kleiner Bruder stellte heute wieder viele Fragen. „Warum haben wir ein rotes Auto? Wieso bekomme ich keine Katze? Wohin geht die Sonne schlafen? Wer hat meine Bauklötze versteckt?“ So ging das die ganze Zeit.

War ich früher auch so gewesen? Sicher nicht, ich bin bestimmt schon schlau auf die Welt gekommen.

(Wörteranzahl: 58)

▶ Erfinde drei Fragesätze, die mit *Warum?*, *Wohin?* und *Wer?* beginnen. Schreibe sie auf. Vergiss nicht die Fragezeichen am Ende!

Am Ende eines Fragesatzes steht ein Fragezeichen. Häufig beginnen Fragesätze mit Fragefürwörtern: Warum**?** Wieso**?** Wohin**?** Wer**?**
Warum muss ich mein Zimmer aufräumen**?**

3 Hausaufgaben vergessen!

Am Ende eines Ausrufesatzes setzt du ein Ausrufezeichen: Oh, das habe ich vergessen**!**

„Oh, ich habe meine Hausaufgaben vergessen!“, rief ich. Mit einem unschuldigen Gesicht versuchte ich meine Lehrerin anzuschauen. Sie schaute mich böse an. Mit lauter Stimme rief sie: „Ach was, das ist ja ganz neu! Das ist ja fast noch nie vorgekommen!“

„Oje“, meinte mein Nachbar, „in deiner Haut möchte ich jetzt nicht stecken!“

(Wörteranzahl: 53)

▶ Schreibe die Ausrufesätze aus dem Text ab. Vergiss nicht die Ausrufezeichen am Ende der Sätze!

4 Mama ist wütend

„Du sollst endlich dein Zimmer aufräumen!“ Wütend stand Mama in der Tür. „Das habe ich dir schon gestern gesagt. Und wenn du schon mal dabei bist: Der Mülleimer muss geleert werden! Dein dreckiges Fahrrad solltest du putzen! Um sechs Uhr fahren wir zu Oma. Du stehst dann umgezogen da!“

Au weia, Mama konnte ganz schön brüllen.

(Wörteranzahl: 56)

Am Ende eines Befehlssatzes setzt man ein Ausrufezeichen: Komm jetzt endlich zum Abendessen**!**

▶ Schreibe die Befehle des Diktates als Bitte ab. Denke daran, dann musst du einen Punkt setzen!

Du sollst endlich dein Zimmer aufräumen!

Bitte räume ______________________________

Der Mülleimer muss geleert werden!

Bitte ______________________________

Dein dreckiges Fahrrad solltest du putzen!

____

Du stehst dann umgezogen da!

____

So kannst du auch sagen!

Namenwort	Hauptwort
Tunwort	Zeitwort, Tuwort
Wiewort	Eigenschaftswort
Begleiter	Geschlechtswort

Lösungen

Seiten 6 / 7

1 Ich, (Bruder) Leo, (Bruder) Simon, (Mutter) Karin, (Vater) Peter, Tante Alina, Onkel Martin, (seine Frau) Heidi, (deren) Tochter Mia, Oma. Die Familie hat zehn Mitglieder.

3 Katzen, Mäuse, Hase, Eule, Igel, Raupe.

Seiten 8 / 9

6 gähnt – gähnen, versucht – versuchen, zeigt – zeigen, macht – machen, halte – halten.

Seiten 10 / 11

2 Igel, Kino, wir, Tiger, dir, Biber, Benzin, Liter, Maschine

4 a) Kahn; b) Hahn; c) wahr; d) Zahn

5 a) Tom hat die Hausaufgaben vergessen. Der Lehrer ist sehr streng. b) Paul macht zehn Fehler im Diktat. Der Hausmeister kehrt den Schulhof nach der Pause.

Seiten 12 / 13

7 Blumen blühen im Frühling. Um unseren Tisch stehen sechs Stühle. Alle stöhnten, weil es so heiß war. Meine große Schwester fährt Motorrad. Ich war so müde, dass ich dauernd gähnen musste. Es ist gefährlich, wenn man zu schnell fährt.

8 **aa:** Haar, Paar, Saal, Waage; **ee:** Schnee, Fee, Beet, leer; **oo:** Moor, Moos, Boot

Seiten 14 / 15

3 **ll in der Wortmitte:** alle, Brille, fallen, Teller, wollen, rollen
ll am Wortende: Ball, toll, hell, schnell, still, voll

Seiten 16 / 17

5 Kappe, Treppe, Suppe, Pappe, klappen

7 Mein Bett ist schön warm. Auf diesen Berg würde ich gerne klettern. Der Tag zwischen ... heißt Mittwoch. Im Winter kann man Schlitten fahren. Schau, da vorne fliegt ein Schmetterling. Ich werde meinen Vater bitten, ...

8 leicht, Licht, richtig, schlecht, echt, acht, leuchten, Bucht

Seiten18 / 19

9 Das längste Wort ist: Pfirsiche.

11 Sie kratzt, er putzt, sie schwitzt, er platzt.

12 Zucker, Hecke, Hocker, backen, Stock, Bäcker

Seiten 20 / 21

13 Betttuch, Schwimmmeister, Brennnessel, Schifffahrt, Stalllaterne, Stofffetzen; schwimm(en) + Meister, brenn(en) + Nessel, Schiff + Fahrt, Stall + Laterne, Stoff + Fetzen

2 Bäume – Baum; Fäuste – Faust; Häuser – Haus; läuft – laufen; Mäuschen – Maus; Räuber – rauben; Geräusch – rauschen; Käuzchen – Kauz; Sträucher – Strauch; Zäune – Zaun;

Seiten 24 / 25

9 Jule wünscht sich einen Jaguar. Weitere Teekessel-Wörter sind z. B.: Birne, Drachen, Bank, Boxer, Kiefer ...

10 Da klebt ein Kau-gum-mi un-ter mei-ner Tisch-kan-te! Kat-rin ist sau-er. Es ist ver-bo-ten, in der Klas-se Kau-gum-mi zu kau-en. Frau Klein hat Kat-rins Krei-schen ge-hört. Sie legt die Krei-de auf ih-ren Tisch und kommt zu Kat-rin. Wer das wohl ge-tan hat? Kein Kind mel-det sich. Das war si-cher der Schmutz-fink mit dem Na-men Nie-mand, denkt die Leh-re-rin.

Seiten 26 / 27

12 Diese Wörter musst du nacheinander einsetzen: Frosch, fragte, Frau, befreit, froh, frech, unfreundlich, Freude. Das Märchen heißt „Der Froschkönig".

13 Beispiele: nicht – dicht, schleicht – reicht, wach – Krach / Dach, bleich – weich, mich – ich / dich, suchen – fluchen.

14 Z. B. drehen, dreißig, Dreck, Druck, dröhnen, Drossel

15 Sonntage, gingen, Pfennige, Wege, Berge, Burgen, Zweige, Zwerge.
Züge, Könige, Krüge, Schläge, Stege

Seiten 28 / 29

18 **Namenwörter:** Pudel, Punkt, Pinsel, Palme, Platz, Puppe; **Tunwörter:** parken, putzen, pusten

20 Z. B. **Namenwörter:** Fleisch, Flamme, Flügel; **Tunwörter:** fliehen, flicken, flattern; **Wiewörter:** flink, fleißig, flockig

Seiten 32 / 33

25 gepflanzt, pflanzen, Pflaster, Pflaume, Pflaumenbaum, pflegen, pflücken

26 von oben nach unten: Max, Lexikon, Fax, fix, Taxi, Xylophon, Boxer, Mixer, Nixe, Hexe